BEI GRIN MACHT SICH IHR WISSEN BEZAHLT

- Wir veröffentlichen Ihre Hausarbeit, Bachelor- und Masterarbeit

- Ihr eigenes eBook und Buch - weltweit in allen wichtigen Shops

- Verdienen Sie an jedem Verkauf

Jetzt bei www.GRIN.com hochladen und kostenlos publizieren

Ernst Hunsicker

Schengener Abkommen (1985), Schengener Durchführungsübereinkommen (1990) und Schengen-Reform (2013)

Ausgegrenzt durch Grenzkontrollen?

GRIN Verlag

Bibliografische Information der Deutschen Nationalbibliothek:

Die Deutsche Bibliothek verzeichnet diese Publikation in der Deutschen National-
bibliografie; detaillierte bibliografische Daten sind im Internet über http://dnb.d-
nb.de/ abrufbar.

Impressum:

Copyright © 2013 GRIN Verlag GmbH
Druck und Bindung: Books on Demand GmbH, Norderstedt Germany
ISBN: 978-3-656-49751-6

Ernst Hunsicker

Schengener Abkommen (1985), Schengener Durchführungsübereinkommen (1990) und Schengen-Reform (2013)

Ausgegrenzt durch Grenzkontrollen?

Überblick

Anhang

Demografie in Deutschland

Vorläufige Ergebnisse: steigende Einwohnerzahl
WIESBADEN – Zum Jahresende 2011 stieg nach vorläufigen Ergebnissen des
Statistischen Bundesamtes (Destatis) die Einwohnerzahl Deutschlands im
Vergleich zum Vorjahr um 92 000 Personen (+ 0,1 %) auf mehr als 81,8 Mil-
lionen. Dies ist die erste, wenn auch nur leichte Zunahme der Bevölkerung in
Deutschland seit 2002. Hauptursache war die deutlich gestiegene Zuwande-
rung in 2011. Die Entwicklung der Bevölkerung ergibt sich zum einen aus den
Geburten und Sterbefällen und zum anderen aus den Zu- und Fortzügen
(Wanderungsbewegungen). Zudem fließt eine kleine Zahl von Korrekturen in
die Berechnung ein. ...[1]

Volkszählung (Zensus 2011): geringere Einwohnerzahl
... Die erste Volkszählung im wiedervereinten Deutschland ergab auch insgesamt eine geringere Einwohnerzahl als gedacht: 2011 lebten in der Bundesrepublik gut 80,2 Millionen Menschen. Nach den alten Berechnungsgrundlagen
war man von rund 1,6 Millionen Einwohnern mehr ausgegangen.
Nach Angaben des Statistischen Bundesamtes ist die Diskrepanz in den Zahlen vornehmlich darauf zurückzuführen, dass erheblich weniger Ausländer in
Deutschland leben als bisher angenommen. Allein dadurch ergebe sich eine
Lücke von 1,1 Millionen Bürgern (14,9 Prozent). Insgesamt weist die Statistik
für die Bundesrepublik 6,2 Millionen Menschen mit ausländischer Staatsan-
gehörigkeit aus. 15 Millionen Einwohner stammten aus einer Zuwanderungs-
familie. ...[2]

Um die Prognosen des Statistischen Bundesamtes zur Gesamtbevölkerung, die
bis in das Jahr 2060 gehen (vgl. Tabelle Seite 10[3]), in etwa halten zu können,
muss deshalb

---

[1] Statistisches Bundesamt: Einwohnerzahl Deutschlands im Jahr 2011 erstmals seit 2002
wieder gestiegen (Pressemitteilung Nr. 255 vom 25.07.2012)

[2] 10 500 Einwohner weniger in Osnabrück – Zensus korrigiert Bevölkerungszahl nach unten, in: Neue Osnabrücker Zeitung vom 01.06.2013 (Titel)

[3] Vgl. *Hunsicker, Ernst*, Bevölkerungs- und Kriminalitätsentwicklung für die Zeiträume
zwischen 1960 und 2060 – Retrograde Erfassung und Auswertung, Prognosen sowie „statistische Tendenzen" für Deutschland, die Bundesländer Bayern, Brandenburg, Niedersachsen und Sachsen-Anhalt, die Millionenstädte Berlin, Hamburg und Köln (Wissenschaftliche
Studie), 237 Seiten, GRIN Verlag (Druckausgabe und eBook), S. 35 (Tabelle 4)

- die Geburtenzahl deutlich erhöht[4]

Forschung aktuell, 248, 34. Jg., 01.08.2013

Kein Geld und keine Karriere: Weshalb die Deutschen keine Kinder bekommen

Hintergrund

Ab dem 1. August dieses Jahres hat jedes Kind, das älter als 12 Monate ist, einen gesetzlichen Anspruch auf einen Kitaplatz. Gleichzeitig besteht für Eltern auch die Möglichkeit, ein sogenanntes Betreuungsgeld zu beantragen, wenn sie ihre Kinder daheim selbst betreuen. Beide Ansätze sollen Eltern unterstützen – und gleichzeitig Anreize liefern, langfristig die Geburtenquote in Deutschland zu erhöhen. Dies ist auch notwendig, liegt Deutschland mit einer Geburtenquote von 1,36 (100 Frauen bekommen 136 Kinder) unter dem EU-Durchschnitt von 1,57. Weshalb aber bekommen die Bundesbürger so wenige Kinder? Dieser Frage ist die gemeinnützige BAT-STIFTUNG FÜR ZUKUNFTSFRAGEN in ihrer aktuellen Untersuchung nachgegangen und hat repräsentativ über 2.000 Personen ab 14 Jahren gefragt, warum so viele Deutsche keine Familie gründen.

Kernergebnis

Die Mehrheit der Bürger führt die finanziellen Kosten für den Nachwuchs, die Angst, die eigene Freiheit zu verlieren, sowie die Sorge vor einem Karriereknick als wesentliche Gründe für die Kinderlosigkeit an. Fehlende staatliche Voraussetzungen wie z.B. nicht genügend Betreuungsangebote werden ebenfalls von fast jedem zweiten Bürger angeführt, wobei dieses Argument im Westen deutlich öfter (63%) genannt wird als im Osten (40%). ...

Interpretation und Fazit

Professor Dr. Ulrich Reinhardt, Wissenschaftlicher Leiter der Stiftung: „Die Unsicherheit, ja fast schon Angst vor der Familiengründung hält bei vielen Bundesbürgern an. Diese umfasst für zunehmend mehr Deutsche neben der Angst, sich Kinder schlichtweg nicht leisten zu können bzw. den eigenen Lebensstandard einschränken zu müssen, vor allem die Sorge, Familie und Beruf nicht vereinbaren zu

---

[4] Z.B. Einflußfaktoren auf die Geburtenrate – Ergebnisse einer Repräsentativbefragung der 18- bis 44jährigen Bevölkerung, Institut für Demoskopie Allensbach (2004)

können und die eigene Karriere zu vernachlässigen. Zudem werden aber auch die Angst vor einer möglichen Scheidung, die Angst vor den unsicheren Zukunftsper-spektiven für Kinder oder die Angst, den falschen Zeitpunkt zu wählen, genannt."

„Derzeit gibt es zahlreiche Argumente der Bürger gegen eine eigene Familie. Zwei-fellos lassen sich diese Sorgen und Befürchtungen der Bevölkerung nicht einfach von heute auf morgen entkräften. Gefordert sind sowohl die Politiker, die Rahmen-bedingungen zu stellen, als auch die Unternehmen, endlich flächendeckend mit der Möglichkeit einer Karriere mit Kind ernst zu machen. Aber auch die Bürger soll-ten umdenken – es gibt keine absolute Sicherheit im Job oder bei der Partnerwahl, der richtige Zeitpunkt ist nie da und die Einschränkungen bei der Freiheit und dem Lebensstandard zahlen sich ebenso kurzfristig wie auch langfristig aus – seien es die zahllosen Glücksmomente mit den Kindern, der Zusammenhalt in der Familie oder die Sicherheit, im Alter nicht allein zu sein. Die Gründung einer Familie lohnt sich also in jedem Fall."[5]

und/oder
- für bestimmte Bereiche (beispielsweise Arbeitsmarkt, regionsabhängig) die Anwerbung/Zuwanderung von Migrantinnen und Migranten forciert werden.

---

[5] 2013 Stiftung für Zukunftsfragen, unter: http://www.stiftungfuerzukunftsfragen.de /de/newsletter-forschung-aktuell/248.html

Jahr	Bevölkerung in Millionen/ in %	Anteile an der Bevölkerung		
		0 bis unter 20 Jahre in Millionen/ in %	20 bis unter 60 Jahre in Millionen/ in %	60 Jahre und älter in Millionen/ in %
1960	73,1/ 100	20,76/ 28,4	39,62/ 54,2	12,71/ 17,4
1970	78,1/ 100	23,43/ 30,0	39,05/ 50,0	15,62/ 20,0
1980	78,4/ 100	21,01/ 26,8	42,25/ 53,9	15,20/ 19,4
1990	79,8/ 100	17,31/ 21,7	46,20/ 57,9	16,27/ 20,4
2000	82,3/ 100	17,36/ 21,1	45,51/ 55,3	19,42/ 23,6
2010	81,8/ 100	15,05/ 18,4	45,23/ 55,3	21,51/ 26,3
Jahr	Prognose			
2020	80,4/ 100	13,66/ 17,0	42,12/ 52,4	24,52/ 30,5
2030	79,0/ 100	13,19/ 16,7	37,20/ 47,1	28,59/ 36,2
2040	76,8/ 100	12,36/ 16,1	35,78/ 46,6	28,64/ 37,3
2050	73,6/ 100	11,48/ 15,6	33,41/ 45,5	28,63/ 38,9
2060	70,1/ 100	11,00/ 15,7	31,61/ 45,1	27,47/ 39,2

Tabelle: Bevölkerungsentwicklung 1960 bis 2060 in Deutschland

Migration: Für und wider

Deutschland als Einwanderungsland
- **Polen, Rumänien, Bulgarien und Ungarn – Gutachten: Deutschland ist Einwanderungsland**
  Zum Thema Einwanderung kursieren viele Vorurteile: Deutschland ächzt angeblich unter der Last von schlecht ausgebildeten Zuwanderern, die die Sozialkassen belasten. Alles Unsinn, sagt ein neues Gutachten.
  Deutschland ist wieder Einwanderungsland und zieht immer mehr gut Qualifizierte aus anderen EU-Staaten an. Das geht aus einem Gutachten hervor, das der Sachverständigenrat deutscher Stiftungen für Integration und Migration am Freitag in Berlin vorlegte. Im ersten Halbjahr 2012 kamen demnach mehr als zwei Drittel der Zuwanderer aus anderen EU-Ländern – und sie waren im Schnitt deutlich jünger und besser qualifiziert als die Mehrheitsbevölkerung in Deutschland. …
  Befürchtungen, dass die Freizügigkeit innerhalb der EU zu „Sozialtourismus" führe, hätten sich als unberechtigt erwiesen, betonte Langenfeld[6]. Zum Beispiel hätten mehr als 70 Prozent der Bulgaren oder Rumänen, die nach 2007 eingewandert und zwischen 25 und 44 Jahren alt seien, eine Arbeit in Deutschland. „Armutswanderung ist bislang die Ausnahme, nicht die Regel." …[7]
- **Deutschland ist das beliebteste Einwanderungsland in der Europäischen Union. Zwar wandern über 600 000 Menschen jährlich aus Deutschland aus, aber es wandern noch mehr ein. Auch die Zahl der illegalen Einwanderer hat zugenommen.**
  Die Zahl der von der Polizei aufgegriffenen Menschen, die unerlaubt nach Deutschland einzureisen versuchen, hat sich 2011 und 2012 drastisch erhöht. 21 156 Ausländer aus Nicht-EU-Ländern wurden 2011 beim illegalen Grenzübertritt erwischt, heißt es im Migrationsbericht der Bundesregierung. Im Vergleich zum Vorjahr ist das ein Anstieg um 18,6 Prozent. In den ersten drei Quartalen 2012 erhöhte sich diese Zahl nochmals um 19,4 Prozent, wie eine Anfrage der Linken im Bundestag ergab. Europol meldete am Mittwoch die Verhaftung von 103 mutmaßlichen Menschenschmugglern in mehreren europäischen Ländern. …[8]

---

[6] *Langenfeld, Christine*, Vorsitzende Sachverständigenrat deutscher Stiftungen für Integration und Migration
[7] FOCUS ONLINE (13.04.2013)
[8] Migrationsbericht der Bundesregierung – Deutschland Einwanderungsland Nr. 1, in: DER TAGESSPIEGEL | Politik (31.01.2013, von *Dagmar Dehmer* und *Rainer Woratschka*)

- **Statistisches Bundesamt – Einwanderung in Deutschland 2012 auf Rekordniveau**

… Im vergangenen Jahr sind so viele Menschen nach Deutschland eingewandert wie seit 1995 nicht mehr. Rund 1,08 Millionen Menschen zogen 2012 zu, so viele wie zuletzt vor 17 Jahren. Im Vergleich zum Vorjahr sei die Einwanderung 2012 um 13 Prozent gestiegen, teilte das Statistische Bundesamt in Wiesbaden am Dienstag mit.

Bundesarbeitsministerin Ursula von der Leyen (CDU) sagte der Frankfurter Allgemeinen Zeitung: „Der Zustrom ist ein Riesengewinn für alle Seiten, denn die neue Welle der Zuwanderer ist jünger und besser ausgebildet als der Schnitt der Bevölkerung." Es gebe Zehntausende offener Stellen etwa für Krankenpfleger, Elektriker und eine ganze Reihe weiterer Ausbildungsberufe. Daher sei es „gut", dass die neue Beschäftigungsverordnung, die zum 1. Juli in Kraft tritt, auch die Einwanderung für Facharbeiter deutlich erleichtere. „Fachkräftesicherung" sei „Priorität eins für die Bundesregierung". …

Ob die Einwanderer erwerbstätig sind, ergibt sich aus der Statistik nicht. Daten der Bundesagentur für Arbeit zeigen aber, dass auch die Beschäftigung von Arbeitnehmern aus den zehn EU-Beitrittsstaaten der Jahre 2004 und 2007 und aus den von der Wirtschaftskrise gebeutelten Staaten deutlich gestiegen ist. Für die vom Städtetag beklagte Armutseinwanderung aus Bulgarien und Rumänien sieht der Wissenschaftler Brücker bundesweit kaum Belege; die Sozialhilfequote für Bulgaren und Rumänen sei geringer als für die Ausländer in Deutschland insgesamt. …[9]

aber: Migranten verlassen Deutschland schnell wieder – Arbeitssuchende aus den Krisenländern der EU gehen oft schon nach einem Jahr zurück

dpa **BERLIN.** Deutschland lockt weiterhin viele Jobsuchende aus den europäischen Krisenländern – viele Zuwanderer bleiben aber nur kurz. So ist in den vergangenen Jahren nur jeder zweite Grieche und Portugieser länger als ein Jahr geblieben. Bei den Spaniern war es sogar nur jeder Dritte.

Vielfach gebe es Sprachprobleme, oder die Leute brächten nicht die geforderten Qualifikationen mit, sagte OECD-Experte Thomas Liebig gestern in Berlin. …[10]

---

[9] Frankfurter Allgemeine | Politik (07.05.2013)
[10] Neue Osnabrücker Zeitung vom 14.06.2013, S. 4 (POLITIK)

- **Bulgarien „Wie dreckige Zigeuner“ – Das Elend der Roma**
  Roma in Bulgarien, das bedeutet Armut, Elend und Rassismus. Deshalb
  gehen viele nach Westen – auch nach Deutschland. Vor allem die Mäd-
  chen, sie prostituieren sich. „Was sollen sie anderes machen?“ …[11]

> Mit dieser Teilüberschrift „Wie dreckige Zigeuner“ identifiziere ich mich
> als Verfasser nicht.

- **Flucht vor der Armut – Wie die Zuwanderung von Roma die Kommunen überfordert**
  Die Zahl der Armutsflüchtlinge aus Bulgarien und Rumänien nach
  Deutschland steigt stetig. Die Kommunen haben jetzt Alarm geschlagen.
  Man sorgt sich um den sozialen Frieden in den Städten und fordert Hilfe
  von der Bundesregierung. … „Ja, das müssen Sie sich mal vorstellen, die
  leben da in ihrer Heimat, in Rumänien und Bulgarien, in katastrophalen
  Verhältnissen.“ … „Die werden dann angeworben von diesen Schleuser-
  banden, und die bieten denen an, ich bring dich ins Schlaraffenland, näm-
  lich nach Deutschland. Der ganze Spaß kostet dich dann 100 oder 150 Euro pro Person. Die verkaufen ihr letztes Hab und Gut, verschulden sich
  und fahren dann in so einem Bus nach Duisburg oder Dortmund oder Berlin.“ … „Man muss natürlich schon sagen, dass seit der EU-
  Osterweiterung die Zahl der aus Rumänien und Bulgarien kommenden
  Menschen zugenommen hat und damit auch die Zahl derjenigen, die wir
  als Tatverdächtige ermittelt haben.“ Sagt Stefan Hausch, Sprecher der Du-
  isburger Polizei. „Überwiegend wegen Delikten, die wir der Armutskrimi-
  nalität zurechnen. Aggressives Betteln, Schrott- oder Metalldiebstähle,
  aber in der unmittelbaren Umgebung hier in Rheinhausen, da ist es zu kei-
  nem Anstieg von Kriminalität gekommen.“ …[12]
- **Friedrich will Einwanderer ausweisen**
  dpa **LUXEMBURG.** Die Bundesregierung hat ein hartes Vorgehen gegen Armutseinwanderer aus Rumänien und Bulgarien angekündigt. Wer
  Sozialleistungen missbrauche, werde künftig ausgewiesen und mit Einrei-
  severbot belegt, sagte Bundesinnenminister Hans-Peter Friedrich (CSU)
  gestern bei einem Treffen der EU-Innenminister in Luxemburg.
  Das Thema sorgt für Streit mit der EU, die Belege für möglichen Missbrauch der Sozialsysteme – etwa durch Roma – verlangt. … Die EU-
  Minister vereinbarten, bis zum Jahresende Details festzulegen, wann ein

---

[11] DIE WELT | Nachrichten Politik (23.02.2013, von *Nick Thorpe*)
[12] dradio.de (21.04.2013, von *Barbara Schmidt-Mattern*)

Land in der Praxis andere EU-Bürger ausweisen darf. ... Hintergrund des
Streits um Armutseinwanderer sind Klagen deutscher Kommunen über eine wachsende Zahl von Einwanderern aus Rumänien und Bulgarien – zu-
meist Roma. ...

„Wahlkampfgetöse"

Der Innenminister betonte, wer illegal tätig sei, „soll bitte wieder dahin zurück, wo er herkommt". Die Polizei könne dies kontrollieren. ... Einreise-
sperren könnten verhindern, dass die Ausgewiesenen wiederkämen. Unter-
stützung erhielt Deutschland von Großbritannien, Österreich, den Nieder-
landen und Dänemark.

Von den Grünen im Bundestag kam Kritik. Grünen-Sprecherin Viola von
Cramon kritisierte, Friedrichs Auftritte seien „rechtes Wahlkampfgetöse".
Der Innenminister müsse „konkrete Hinweise für seine populistischen
Thesen liefern".[13]

**Schengener Abkommen, Schengener Durchführungsübereinkommen und
Schengen-Reform**

Entstehungsgeschichte und Entwicklung des Schengener Abkommens
Am 14.06.1985 unterzeichneten die Bundesrepublik Deutschland, Frankreich,
Belgien, Luxemburg und die Niederlande das Abkommen von Schengen (einem Ort in Luxemburg an den Grenzen zu Deutschland und Frankreich) über
den schrittweisen Abbau der Personenkontrollen an den Binnengrenzen zwischen den Vertragsparteien.

Am 19.06.1990 wurde zur Umsetzung des Schengener Abkommens das Über-
einkommen zur Durchführung des Schengener Abkommens (Schengener
Durchführungsübereinkommen – SDÜ) unterzeichnet. Regelungsgegenstand
des Abkommens sind Ausgleichsmaßnahmen, die infolge der Abschaffung der
Binnengrenzkontrollen einen einheitlichen Raum der Sicherheit und des
Rechts gewährleisten sollen. Es handelt sich dabei um

- die Vereinheitlichung der Vorschriften für die Einreise und den kurzfristi-
  gen Aufenthalt von Ausländern im „Schengen-Raum" (einheitliches
  Schengenvisum),
- Asylfragen (Bestimmung des für einen Asylantrag zuständigen Mitglied-
  staats),
- Maßnahmen gegen grenzüberschreitenden Drogenhandel,
- polizeiliche Zusammenarbeit und
- Zusammenarbeit der Schengenstaaten im Justizwesen. ...

---

[13] Neue Osnabrücker Zeitung vom 08.06.2013, S. 2 (POLITIK)

Die Zugehörigkeit zum Schengen-Raum hat für die Mitgliedsländer der Europäischen Union viele Vorteile. Mit dem Wegfall der Grenzkontrollen an den Binnengrenzen der Union geht nicht nur ein Mehr an Freiheit für die Bürgerinnen und Bürger, sondern auch an Sicherheit einher. Der Wegfall der Kontrollen an den Binnengrenzen wird durch effizientere und bessere Kontrollen an den Schengen-Außengrenzen sowie durch andere Maßnahmen an den Binnengrenzen, z.B. mobile Grenzraumüberwachung und stärkere Vernetzung der Polizeiarbeit, ausgeglichen.

Regelungsgegenstände

1. Bürger der Schengen-Staaten (siehe unten) können die Schengen- Binnengrenzen ohne Personenkontrollen überschreiten.
2. Inhaber eines von einem Schengen-Staat ausgestellten und in seiner räumlichen Gültigkeit nicht beschränkten Visums für den kurzfristigen Aufenthalt („Schengen-Visum" der Visumkategorie „C") dürfen sich im Rahmen von dessen Gültigkeit im gesamten Hoheitsgebiet der Schengener Staaten aufhalten und sich darin frei bewegen. Beim Überschreiten der Binnengrenzen unterliegt auch dieser Personenkreis keinen Kontrollen. Visa für den Flughafentransit (Visumkategorie „A") berechtigen lediglich zum Aufenthalt in den internationalen Transitzonen von Flughäfen, jedoch nicht zur Einreise in den Schengenraum.
3. Drittstaatsangehörige, die Inhaber eines nationalen Aufenthaltstitels eines Schengen-Staates sind, dürfen sich im Rahmen von dessen Gültigkeit für bis zu 90 Tage innerhalb eines Zeitraums von 6 Monaten auch im Hoheitsgebiet der übrigen Schengen-Staaten aufhalten.Dies gilt auch für Inhaber eines von einem Schengen-Staat ausgestellten „nationalen" Visums (Visumkategorie „D").
4. Harmonisierte Visumpolitik der Mitgliedstaaten (gemeinsame Liste der visumpflichtigen bzw. visumfreien Drittstaaten).
5. Außengrenzkontrollen nach einheitlichem Standard.
6. Zugriff der Mitgliedstaaten auf das Schengener Informationssystem (SIS), das schengenweite Personen- und Sachdaten umfasst , insbesondere zu Fahndungszwecken.
7. Enge polizeiliche und justizielle Zusammenarbeit.
8. Gemeinsame Bekämpfung der Betäubungsmittelkriminalität.
9. Zuständigkeitsregeln für die Durchführung von Asylverfahren, inzwischen ersetzt durch die Verordnung (EG) Nr. 343/2003 des Rates vom 18. Februar 2003 (sog. Dublin-II-Verordnung)

Bulgarien, Rumänien und Zypern
Trotz Vollmitgliedschaft in der EU wenden Bulgarien und Rumänien (Beitritt
am 01.01.2007) und Zypern (Beitritt am 01.05.2004) den Schengen-
Besitzstand bislang nur teilweise an. Diese Staaten erstellen dementsprechend
noch keine einheitlichen Schengen-Visa. ...[14]

Das „Schengen-Land"
Das Abkommen von Schengen in Luxemburg beseitigte 1985 zunächst die
Schlagbäume zwischen Deutschland, Frankreich und den Benelux-Ländern.
Heute gehören 26 Staaten zum „Schengen-Land", in dem keine Binnengren-
zen kontrolliert werden sollen. Neben 22 der 27 EU-Länder (alle außer Großbritannien, Irland, Zypern, Bulgarien und Rumänien) sind das Norwegen, Is-
land, Liechtenstein und die Schweiz.
Die Landgrenzen dieses Schengen-Raums mit mehr als 400 Millionen Einwohnern sind mehr als 7 700 Kilometer lang, die Seegrenzen knapp 42 700
Kilometer. An den Grenzen zwischen den Schengen-Staaten werden Reisende
nur noch in Stichproben oder bei besonderen Ereignissen kontrolliert.
Nach Artikel 23 kann ein Mitgliedsland „im Falle einer schwerwiegenden Bedrohung der öffentlichen Ordnung oder inneren Sicherheit" für einen begrenz-
ten Zeitraum an seinen Grenzen ausnahmsweise wieder Personen kontrollieren. Die Maßnahmen dürfen höchstens 30 Tage dauern oder so lange, wie die
„schwerwiegende Bedrohung" andauert. Die Schengen-Staaten nutzten diese
Klausel zum Beispiel, um vor großen Sportveranstaltungen oder Gipfeltreffen
Reisende zu kontrollieren.
Die EU-Staaten wollen allein prüfen, ob das Abkommen korrekt umgesetzt
wird. Das EU-Parlament beharrt dagegen auf sein Mitspracherecht. Damit will
es eine mögliche Aufweichung des Abkommens verhindern.[15]

EU einigt sich auf Schengen-Reform – Grenzen dicht als letztes Mittel
Die Länder des Schengen-Raums dürfen künftig in Ausnahmefällen leichter
wieder Grenzkontrollen einführen. Die EU-Mitgliedstaaten, das Europaparlament und die EU-Kommission einigten sich nach langen Verhandlungen auf
einen neuen Notfall-Mechanismus. Danach können etwa bei der Ankunft zahlreicher Flüchtlinge die nationalen Grenzen für insgesamt bis zu zwei Jahre
geschlossen werden, wie EU-Innenkommissarin Cecilia Malmström mitteilte.
Die Kommission werde aber kontrollieren, dass diese Möglichkeit nicht durch
die nationalen Regierungen missbraucht werde.

---

[14] Auswärtiges Amt – Schengener Übereinkommen
[15] EU einigt sich auf Schengen-Reform | tagesschau.de (30.05.2013)

EU-Innenminister hatten Neuregelung gefordert
Die EU-Innenminister wollen die Einigung Ende der kommenden Woche bei
einem Treffen in Luxemburg offiziell bestätigen. Sie hatten die Möglichkeit
zur Wiedereinführung von Grenzkontrollen in Europa gefordert, wenn sie das
Funktionieren des Schengen-Raums etwa durch viele Flüchtlinge bedroht se-
hen. Gedacht ist der Mechanismus als letztes Mittel, wenn die Schengen-
Außengrenze durch eines der Mitgliedsländer trotz EU-Unterstützung nicht
wirksam geschützt wird. Auslöser der Neuregelung war unter anderem die
Ankunft zahlreicher Flüchtlinge aus Nordafrika während des Arabischen
Frühlings.

Deutschland legte Veto gegen Erweiterung ein
Die letzte Erweiterung des Schengenraumes um Rumänien und Bulgarien hatte Deutschland im März verhindert. Die Länder seien „noch nicht reif" für
Schengen, hatte Bundesinnenminister Hans-Peter Friedrich den Schritt be-
gründet. ...[16]

Grenzüberschreitende Kriminalität im Schengen-Raum

Nun ist es allerdings nicht nur so, dass die „Armutseinwanderung" innerhalb
des Schengen-Raums zum Missbrauch von Sozialleistungen führt oder führen
kann – es kommt auch innerhalb des Schengen-Raums zu grenzüberschreiten-
der Kriminalität.

Freizügiges Europa – Offene Grenzen erfreuen besonders Kriminelle
Mit dem Wegfall der Sperren nach Osteuropa nehmen Delikte wie Drogenhandel und Autoklau stetig zu. Entlang der polnischen Grenze klagen Land-
wirte über den Anstieg von Diebstählen. Als die Schlagbäume zu Polen und
Tschechien fielen, schlugen die meisten Politiker die Warnungen der Polizei
vor den Gefahren in den Wind. Bei einem Besuch in den Grenzregionen ver-
sprach der damalige Bundesinnenminister Wolfgang Schäuble (CDU) 2007 im
sächsischen Pirna: „Es wird mehr Freiheit geben und nicht weniger Sicherheit.
Deshalb können wir uns auf die Schengen-Erweiterung und ein weiter zu-
sammenwachsendes Europa freuen." Die Vorteile des freien Reisens in Europa würden für die Bürger bei Weitem die Nachteile überwiegen.
Doch die Bilanz der Polizei fällt nach mehr als vier Jahren bitter aus. Die
„grenzüberschreitende Kriminalität" – Autodiebstähle, Einbrüche, Schleuser-
tum, Waffen- und Drogenhandel – nahm enorm zu. Vor allem an der deutsch-
tschechischen Grenze wird neuerdings verstärkt Crystal Speed geschmuggelt.

---

[16] a.a.O.

... Crystal ist aber nur eines der Probleme, die Friedrich lösen muss. Entlang der deutsch-polnischen Grenze verschwinden in großem Stil Autos, Baumaschinen und sogar Traktoren. In Brandenburg wurden bis Ende November vorigen Jahres 3 547 Fahrzeuge gestohlen, im gesamten Jahr 2007 waren es noch 2 469. Besonders Audi, BMW, Mercedes und VW sind gefragt. Ganz schnell weg sind mittlerweile auch Mittelklasse-Modelle wie der Audi A4 und der VW Golf.

Kriminalitätsentwicklung wurde unterschätzt

Friedrich will sich deshalb voraussichtlich im April auch mit dem brandenburgischen Innenminister Dietmar Woidke (SPD)[17] treffen. „Die Lage in der Grenzregion ist so, dass die Bürger zu Recht spürbare Fortschritte erwarten – sonst verlieren sie das Vertrauen in die Politik", sagte Woidke „Welt Online". Die Kriminalitätsentwicklung ist aus seiner Sicht nach dem Wegfall der Grenzkontrollen von allen zu sehr unterschätzt worden: „Das war ein Fehler. Die Bürger erwarten jetzt keine feinsinnigen Zuständigkeitsdebatten, sondern entschlossenes Handeln der Polizei von Bund und Ländern." ...

Polen fühlen sich zu Unrecht beschuldigt

... Denn Polen ist häufig nur noch Transitland für die gut organisierten Banden, die von Litauen, der Ukraine oder Russland aus agieren. Diese klauen auf Bestellung und orten bei der Flucht Funkstreifenwagen sogar per Satellitentechnik. ...

Allgemein liegt die Kriminalitätsbelastung in den 24 Grenzgemeinden Brandenburgs um rund 20 Prozent höher als im Landesdurchschnitt. Schwerpunkte sind die Städte Schwedt, Frankfurt an der Oder, Eisenhüttenstadt und Guben. In den Gemeinden nahm beispielsweise der „besonders schwere Diebstahl", also etwa Einbrüche in Gebäude, erheblich zu. ...[18]

---

[17] **Regierungswechsel in Potsdam - Woidke ist neuer Ministerpräsident von Brandenburg**
Das Ende einer Ära: *Dietmar Woidke* hat am Mittwoch im Potsdamer Landtag das Amt des Regierungschefs von *Matthias Platzeck* übernommen. *Woidke* startet unter guten Voraussetzungen ins Amt. Bei seiner Wahl zum Ministerpräsidenten erhielt er mehr Stimmen, als die rot-rote Koalition hat.
Der neue Brandenburger Ministerpräsident *Dietmar Woidke* (SPD) hat am Mittwoch offiziell sein Amt angetreten. *Matthias Platzeck* hatte zuvor - nach elf Jahren an der Spitze des Landes - aus gesundheitlichen Gründen offiziell seinen Rücktritt erklärt. ..., unter: http://www.rbb-online.de/politik/thema/neue-landesspitze/platzeck-geht-woidke-kommt. html.
[18] DIE WELT | Politik (12.02.12, von *Martin Lutz*)

Stimmen aus der Schweiz und aus Österreich

Schweiz

Kriminalität: Schengen habe die Schweiz zu einem Hort der Unsicherheit gemacht, sagen die Kritiker. Die Befürworter verneinen einen direkten Zusammenhang zwischen der Entwicklung der Kriminalität und der Einführung von Schengen. Sie verweisen auf einen wellenförmigen Verlauf der Kriminalitätsrate und auf den Umstand, dass vor Schengen in einzelnen Jahren mehr Straftaten gezählt wurden. Entscheidender seien wirtschaftliche Krisen oder Konflikte. Tatsache ist, dass die Zahl der Straftaten im Jahr 2012 gegenüber dem Vorjahr um 9 Prozent auf 75 000 gestiegen ist. Fast drei Viertel aller Straftaten wurden gegen das Vermögen verübt: Die Zahl der Diebstähle stieg um 15 Prozent. Gestiegen ist auch der Anteil der nicht in der Schweiz registrierten Ausländer (+13,9%) und der Asylbewerber (+38,7%). Ihnen werden vor allem Einbrüche beziehungsweise Ladendiebstähle angelastet.[19]

Österreich

Ein wachsendes Problem ist die Einbruchskriminalität, die insbesondere seit dem Beitritt der östlichen Nachbarstaaten zum Schengen-Abkommen massiv zugenommen hat. Betroffen sind vor allem die unmittelbar an der Grenze zu Ungarn und der Slowakei gelegenen Regionen sowie Wien. Dort haben insbesondere in den Bezirken im Umfeld des Gürtels die Einbrüche stark zugenommen. Die Täter nützen die Nähe Wiens zur Grenze, um sich nach der Tat ins Ausland abzusetzen und damit der Strafverfolgung zu entziehen. Auch organisierte Bettelei und Trickbetrug haben in den Städten in den letzten Jahren stark zugenommen. Die Zahl der Autodiebstähle hat sich in den letzten Jahren vor allem in Ostösterreich stark erhöht. 2009 richtete die Polizei eine „Soko Kfz" ein, in der Folge gingen die Autodiebstähle von 2009 bis 2010 um mehr als 50% zurück. Seit Anfang 2011 verlagern sich daher Einbrüche und Autodiebstähle vermehrt in die westlichen Bundesländer, wo mittlerweile als Ergänzung zur „Soko Ost" eine „Soko West" eingerichtet wurde.[20]

---

[19] Schengen, Dublin, Kriminalität; St. Galler Tagblatt Online (10. Mai 2013, *Denise Lachat*, Bern)

[20] Kriminalität: Sicherheitsportal Mar Adentro 2013

Gewerkschaften bzw. Berufsverbände der Polizei zu den nationalen Grenzkontrollen

Rumänen und Bulgaren müssen weiter Grenzkontrollen akzeptieren – bis sie ihre „Hausaufgaben" gemacht haben
Der BDK lehnt einen baldigen, vollständigen Schengenbeitritt und damit die Abschaffung der Grenzkontrollen zu Rumänien und Bulgarien ab. Gerade im Hinblick auf zukünftige EU-Beitrittskandidaten gilt es zu zeigen, dass Europa zwar weiter offen ist, aber nur bei strikter Einhaltung aller Regeln. … Desweiteren mahnt der BDK, dass die Abschaffung der Grenzkontrollen nur eine Seite der Medaille ist. Wer Korruption nicht im Ansatz bekämpfen kann, wer nicht einmal versucht Armut und Ungleichbehandlung von ethnischen Minderheiten zu beseitigen, soll in Zukunft berechtigt werden, für ganz „Schengenland" gültige Visa auszustellen?[21]

Polizei hält Grenzkontrollen für nutzlos
Der Vorstoß von Innenminister Friedrich, in der EU Grenzkontrollen auf Zeit zuzulassen, stößt auch bei der Polizei auf Widerstand. Sie helfen nicht gegen Menschenhändler, Schleuser oder illegale Einwanderer, sagt die Polizeigewerkschaft. Der bayerische Ministerpräsident Seehofer begrüßt dagegen den Vorschlag. …
Kritik kommt auch vom Vorsitzenden der Gewerkschaft der Polizei (GdP), Bernhard Witthaut[22]. Nach dem Inkrafttreten des Schengen-Vertrags sei ein großer Teil der 10 000 Grenzbeamten an anderen Stellen eingesetzt worden. „Das lässt sich nicht so einfach rückgängig machen, wenn man dafür gerade einen Anlass sieht", sagte Witthaut dem Hamburger Abendblatt. Er bezweifelte zudem die Wirksamkeit solcher Grenzkontrollen. „Menschenhändler, illegale Einwanderer und Schleuser warten einfach, bis die 30 Tage Kontrollen um sind" …[23]

Grenzkodex von Schengen verhindert intensivere Kontrollen
In der Tat schiebt der Schengener Grenzkodex rechtlich einen Riegel vor intensivere Grenzkontrollen. Die Polizei muss sich nach dem Abkommen zurückhalten, denn ihre Maßnahmen dürfen „nicht die gleiche Wirkung wie Grenzübertrittskontrollen" entfalten. „Das orientiert sich nicht am Sicherheits-

---

[21] Bund Deutscher Kriminalbeamter – Verband Bundespolizei (05.03.2013)
[22] *Witthaut, Bernhard*, ist seit dem 10.04.2013 Polizeipräsident der Polizeidirektion Osnabrück
[23] Debatte um Schengen-Abkommen, SPIEGEL ONLINE (21.04.2012)

bedürfnis der Bevölkerung, sondern nur an der europäischen Bürokratie. Diese Absurdität muss man ändern", sagte Rainer Wendt, der Vorsitzende der Deutschen Polizeigewerkschaft, „Welt Online". ...[24]

Lösungsansätze zur Armutseinwanderung

- *Einwanderung von Bulgaren und Roma – Noch ärmer als Hartz IV*
  ... Der Deutsche Städtetag fordert jetzt in einem Positionspapier eine „zügige Problemlösung" angesichts der sogenannten Armutszuwanderung aus Südosteuropa. In einem Positionspapier nennt der Kommunalverband eine Zahl von 147 000 Personen, die aus Rumänien und Bulgarien im Jahre 2011 nach Deutschland eingewandert sind, Tendenz steigend.[25]
- *Heikles Thema: Roma-Zuwanderung*
  ... Doch selbst der deutsche Städtetag fühlt sich bedrängt und sucht Orientierung. Auf keinen Fall will die Gesellschaft eine Einwanderung in den Sozialstaat dulden. Dem stimmt auch Romani Rose, der Zentralratsvorsitzende der deutschen Sinti und Roma, zu und hat in den vergangenen Wochen konstruktiv auf das Problem reagiert, indem er den Herkunftsländern mehr Anstrengungen abverlangt – und der hiesigen Debatte weniger Ressentiments.[26]
- *5. Europa versagt*
  Viele Experten sind sich einig: Bulgarien und Rumänien waren 2007 nicht beitrittsreif – kamen trotzdem in die EU. Zwar läuft seit 2011 ein EU-Programm zur besseren Integration der Roma (in den Herkunftsländern). Laut EU-Kommission werden aber dafür bereitstehende Mittel nicht abgerufen. Migrationsforscher Prof. Klaus J. Bade: „Wir können die sozialen Probleme in Südosteuropa nicht in unseren Städten lösen. Es muss dafür gesorgt werden, dass das EU-Geld richtig verwendet wird."[27]
- *Kommentar: Arme Roma – ein Problem, das Europa gemeinsam lösen sollte*
  Der massenweise Zuzug von Roma aus Südosteuropa sorgt in einigen deutschen Städten für sozialen Sprengstoff. Ihre Integration kann nicht ihren Herkunftsländern überlassen werden, sondern ist Aufgabe der gesamten EU. ... Vielmehr muss akzeptiert werden, dass die Integration dieser

---

[24] DIE WELT | Politik (12.02.12, von *Martin Lutz*)
[25] taz.de, 03.03.2013
[26] DIE WELT, Einwanderung in den Sozialstaat verhindern – Meinung | 05.03.2013 | Schengen-Veto
[27] Die 6 Wahrheiten über Roma in Deutschland, Bild.de (06.03.2013)

ethnischen Minderheit eine gesamteuropäische Aufgabe ist. Deren Ziel muss sein, die Armut der Roma zu bekämpfen und vor allem ihre Bildungschancen nachhaltig zu verbessern – egal wo sie leben möchten.[28]

Ergebnis

Deutschland ist und bleibt Einwanderungsland. Was die Armutseinwanderung betrifft, sind weniger die EU-Mitgliedsstatten einzeln gefordert, sondern die EU als solche muss sich dieser Entwicklung annehmen.[29] Die Armutseinwanderung insbesondere aus Rumänien und Bulgarien u.a. nach Deutschland lässt sich nur dann stoppen oder mindern, wenn ausreichend EU-Mittel in diese Länder fließen.

Die Länder des Schengen-Raums dürfen in Ausnahmefällen wieder temporäre Binnengrenzkontrollen für die Dauer von bis zu zwei Jahren durchführen: „Der Rat würde in einem solchen Fall eine Empfehlung geben, die Letztentscheidung über die Wiedereinführung temporärer Binnengrenzkontrollen läge bei den einzelnen Mitgliedstaaten.“[30]

---

[28] DW.DE (Welt 21.02.2013, *Verica Spasovska*)

[29] Deutschland, Frankreich und Italien sind die größten Beitragszahler für den EU-Haushalt. Der Beitrag der Länder macht den weitaus größten Anteil in dem 130 Milliarden Euro schweren Etat aus., unter: http://www.n24.de/n24/Nachrichten/ Panorama/d/1679898/infografik--eu-beitragszahlungen.html (22.11.2012)

[30] Bundesinnenministerium: Bundesinnenminister *Friedrich* begrüßt Einigung zwischen Rat und Europaparlament zur Reform des Schengenraums (Pressemitteilung vom 30.05.2013)

Anhang

Autobiografien sowie Fach- und Sachbücher

von Ernst Hunsicker

Autobiografien

- **Highlights:** Authentische Polizei- und Kriminalgeschichten – Von der Polizeischule (1962) bis zur Pensionierung (2004) und die Zeit danach – 2. Auflage, GRIN Verlag (2011), 231 Seiten, 24,99 €* (Buch), 14,99 €* (e-Book),

- Authentische Polizei- und Kriminalgeschichten – Stationen und Situationen mit Bildern aus einem langen Berufsleben – **Teil 1** (1962 bis Mai 1988), GRIN Verlag (2008), 136 Seiten, 27,99 €* (Buch), 17,99 €* (e-Book),

- Authentische Polizei- und Kriminalgeschichten – Stationen und Situationen mit Bildern aus einem langen Berufsleben – **Teil 2** (Juni 1988 bis 1996), GRIN Verlag (2008), 184 Seiten, 27,99*€ (Buch), 17,99 €* (e-Book),

- Authentische Polizei- und Kriminalgeschichten – Stationen und Situationen mit Bildern aus einem langen Berufsleben – **Teil 3** (1997 bis 2004 und die Zeit danach), GRIN Verlag (2009), 204 Seiten, 27,99 €* (Buch), 17,99 €* (eBook),

- Authentische Polizei- und Kriminalgeschichten – Stationen und Situationen mit Bildern aus einem langen Berufsleben – **Teil 4 (Nachträge von 1962 bis 2009)**, GRIN Verlag (2009), 53 Seiten, 9,99 €* (Buch), kostenlos (eBook), 0,99 €* (Druckversion eBook),

- Kindheits- und Jugenderinnerungen –Ein Lebensabschnitt im exemplarischen Kontext mit historischen Ereignissen, GRIN Verlag (2011), 217 Seiten, 49,99 €* (Buch), 39,99 €* (eBook).

<h1 style="text-align:center">Monografien: Präventive Gewinnabschöpfung</h1>

- Präventive Gewinnabschöpfung (PräGe) – Entscheidungssammlung in Volltexten (Sammelband), 2. Auflage, GRIN Verlag (2009), 226 Seiten, 24,99 €* (Buch), 14,99 €* (eBook),

- Verfassungsmäßigkeit der Präventiven Gewinnabschöpfung (PräGe) – Beurteilung der Verfassungsmäßigkeit unter Einbindung der BVerfG-Entscheidung zum erweiterten Verfall (§ 73d StGB) und der einschlägigen Rechtsprechung (PräGe), GRIN Verlag (2009), 35 Seiten, 14,99 €* (Buch), 0 €* (eBook),

- Ländervergleich: Präventive Gewinnabschöpfung (PräGe) – Rechtsgrundlagen, Rechtsprechung, Entwicklung und Stand in Deutschland – Vergleichbare Rechtsgrundlagen in Österreich und in der Schweiz?, GRIN Verlag (2009), 97 Seiten, 12,99 €* (Buch), 7,99 €* (eBook),

- Präventive Gewinnabschöpfung (PräGe) in Theorie und Praxis – Sicherstellung, Verwahrung von Verwertung von Gegenständen und (Bar-)Geld aus Gründen der Gefahrenabwehr in Kooperation von Polizei, Staatsanwaltschaft und Kommune (Osnabrücker Modell) – Arbeitshilfe – , 3. Auflage, Verlag für Polizeiwissenschaft (2008), 175 Seiten, 14,90 €*.

<h2 style="text-align:center">Kriminologie, Kriminalität und Kriminalitätskontrolle</h2>

- Kriminologische Regionalanalysen in der Stadt Osnabrück für die Jahre 1996/97, 2002/03 und 2007/08 – Problemkreise, Lösungsansätze, Umsetzungen und Wirkungen als Grundlagen für den Förderpreis der „Stiftung Kriminalprävention" (Städtepreis 2009), GRIN Verlag (2010), 129 Seiten, 14,99 €* (Buch), 9,99 €* (eBook),

- Kriminalitätskontrolle am Beispiel der Stadt Osnabrück – oder: Ein beruflicher Lebensabschnitt für Prävention und Repression (1988 bis 2004), GRIN Verlag (2011), 255 Seiten, 29,99 €* (Buch), 19,99 €* (eBook),

- Bevölkerungs- und Kriminalitätsentwicklung für die Zeiträume zwischen 1960 und 2060 – Retrograde Erfassung und Auswertung, Prognosen sowie „statistische Tendenzen" für Deutschland, die Bundesländer Bayern, Brandenburg, Niedersachsen und Sachsen-Anhalt, die Millionenstädte Berlin, Hamburg und Köln, GRIN Verlag (2013), 237 Seiten, 44,99 €* (Buch), 34,99 €* (eBook).

Sonstiges

- Radfahren in der Region Osnabrück - Münster - Bielefeld - Gütersloh - Illustrierte sowie kommentierte Erlebnisse und Beobachtungen, GRIN Verlag (2012), 205 Seiten, 24,99 €* (Buch), 14,99 €* (eBook),

- Kooperation zwischen der MEYER WERFT (Papenburg) und den Betreibern der Magnetschwebebahn Transrapid (Lathen/Dörpen) – Visionäre Gedankenspiele oder blanke Utopie?, GRIN Verlag (2012), 71 Seiten, 14,99 €* (Buch), 9,99 €* (eBook).

Fachbücher

mit Ernst Hunsicker

- Das ressortübergreifende Präventionsmodell Osnabrück – Initiativfunktion von Seiten der Polizei (Seiten 189 ff.), in: VEREINT GEGEN KRIMINALITÄT – Wege der kommunalen Kriminalprävention in Deutschland, Edwin Kube/Hans Schneider/Jürgen Stock (Hrsg.), Verlag Schmidt-Römhild (1996), 331 Seiten, 10,00 €*,

- Führung von V-Personen (KR 12, Seiten 1-16), in: KRIMINALISTEN-FACHBUCH (KFB) – Kriminalistische Kompetenz, Verlag Schmidt-Römhild (2000, Aktualisierte Neuauflage 2002), Preise unter: http://www. beleke.de/shop/RID/125/kriminalisten-fachbuch_kfb_kriminalistische_ kompetenz/ 186f91fbdc1481354170a93c691 b596f/,

- Möglichkeiten und Grenzen besonderer Beweissicherungsmaßnahmen (KR 21, Seiten 1-87, zusammen mit Rolf Jaeger), in: KRIMINALISTEN-FACHBUCH (KFB) – Kriminalistische Kompetenz, Verlag Schmidt-Römhild (2000), Preise wie vorstehend,

- Kriminologische Regionalanalyse Osnabrück 1996/97 zum Thema „Mehr Sicherheit für uns in Osnabrück", Print & Media Center Wallenhorst, 250 Seiten (ohne Anlagen), zusammen mit Bernhard Bruns, Martin Oevermann und Martin Ratermann (Auflage vergriffen),

- Bürgerbefragungen zur subjektiven Sicherheit in Osnabrück – oder: Ertrag und Wirkung von (kommunaler) Kriminalprävention (Seiten 127 ff.), in: Angewandte Kriminologie und Kriminalprävention; Entwicklungen, Sachstand und Perspektiven, Festschrift für Dr. Joachim Jäger zum 65. Geburtstag, Schriftenreihe der Polizei-Führungs-Akademie, Sächsisches Druck- und Verlagshaus AG (2003), 176 Seiten,

- Entwicklung der kommunalen Kriminalprävention in Osnabrück seit 1989 (Seiten 945-961), in: Kriminalpolitik und ihre wissenschaftlichen Grundlagen – Festschrift für Professor Dr. Hans-Dieter Schwind zum 70. Geburtstag, Thomas Feltes, Christian Pfeiffer, Gernot Steinhilper (Hrsg.), C.F. Müller, Verlagsgruppe Hüthig Jehle Rehm GmbH (2006), 1.204 Seiten, 298,00 €*,

- Kriminologische Regionalanalyse Osnabrück 2007/08 zum Thema „Sicherheit und soziales Leben in Osnabrück", 165 Seiten (ohne Anlagen), zusammen mit Martin Oevermann, Manfred Rolfes, Wolfgang Wellmann, Wolfgang Zimmerer und Oliver Voges, 15,00 €*.

---

*Die Bücher unterliegen der Preisbindung, sodass Preisänderungen möglich sind.

Berufliche Vita des Verfassers in Kurzform

Kriminaldirektor a.D. *Ernst Hunsicker* (Jahrgang 1944) trat 1962 in den Polizeivollzugsdienst des Landes Niedersachsen ein.

Nach der Grundausbildung und der Verwendung in der Bereitschaftspolizei wurde er 1965 zum Polizeiabschnitt Lingen/Ems versetzt, wo er im SOV-Dienst (Sicherheit, Ordnung, Verkehr) eingesetzt war.

1967 wurde *Hunsicker* zur Landeskriminalpolizeistelle Osnabrück versetzt, wo er in verschiedenen Dienstbereichen (Sachbearbeiter Wirtschaftskriminalität/Betrug/ Fälschungen, Wachgruppenleiter im Kriminaldauerdienst, Mitglied der 1. Mordkommission) tätig war.

Von 1972 bis 1975 erfolgte seine Ausbildung für den gehobenen Polizeivollzugsdienst der Kriminalpolizei. Danach bis 1979 Verwendung als Führungsgehilfe K 1 beim Leiter der Kriminalpolizei im (ehemaligen) Regierungsbezirk Osnabrück, Leiter des 3. Fachkommissariats (Wirtschaftskriminalität/Betrug/Fälschungen) in Lingen/Ems und Fachlehrer an der Landespolizeischule Hann. Münden in Kommissarslehrgängen.

Daran schloss sich das Studium für den höheren Polizeivollzugsdienst der Kriminalpolizei an (1979 bis 1981).

Im Anschluss fand *Hunsicker* Verwendung als Fachlehrer an der Landespolizeischule Hann. Münden (bis 1982), stellvertretender Ausbildungsstättenleiter in Bad Iburg/LK Osnabrück (bis 1988), stellvertretender Leiter der Kriminalpolizeiinspektion Osnabrück (bis 1993) und Leiter der Kriminalpolizeiinspektion Lingen/Ems (bis 1994).

Von 1994 bis zu seiner Pensionierung mit Ablauf des Monats Februar 2004 leitete er den Zentralen Kriminaldienst bei der Polizeiinspektion (Z) Osnabrück-Stadt und war in Personalunion stellvertretender Inspektionsleiter.

Hunsicker hat sich in zahlreichen Veröffentlichungen mit der Kriminalitätsverfolgung und -verhütung, dem – auch kundenorientierten – Einsatz der Polizei und dem polizeilich relevanten Recht befasst.

Homepage: http://ernsthunsicker.de
Kontakt: ernst-hunsicker@t-online.de